CHANTS A MARIE

ET

GUERRE AUX MOMIERS

SES ENNEMIS

Par B. de L.

Se vend au profit d'un Orphelinat
pour arracher des enfants pauvres, nés catholiques, à la
propagande des MOMIERS qui s'efforcent
de faire des prosélytes, avec l'appât de l'or, surtout parmi les
indigents et les ignorants.

SOMMAIRE :

FANATISME, CONTRADICTIONS, OPINIONS STUPIDES,
PHYSIOLOGIE DES MOMIERS, ANECDOTES, IMMORALITÉ DE LEUR
DOCTRINE, ETC.

PARIS ET LYON

CHEZ LES PRINCIPAUX LIBRAIRES.

1859.

CHANTS A MARIE

ET

GUERRE AUX MOMIERS

SES ENNEMIS

PAR B. DE L.

Se vend au profit d'un Orphelinat
pour arracher des enfants pauvres, nés catholiques, à la
propagande des MOMIERS qui s'efforcent
de faire des prosélytes, avec l'appat de l'or, surtout parmi les
indigents et les ignorants.

SOMMAIRE :

FANATISME, CONTRADICTION, OPINIONS STUPIDES,
PHYSIOLOGIE DES MOMIERS, ANECDOTES, IMMORALITÉ DE LEUR
DOCTRINE, ETC.

PARIS ET LYON

CHEZ LES PRINCIPAUX LIBRAIRES.

—

1859.

LYON
IMPRIMERIE D'AIMÉ VINGTRINIER,
QUAI SAINT-ANTOINE, 35.

1859.

CHANTS A MARIE

ET

GUERRE AUX MOMIERS

SES ENNEMIS.

———

Le Protestantisme se mourait dans le doute et l'indifférence. Pour le ranimer, on a créé la Momerie qui se démène comme un possédé. Ce démoniaque est-il viable? Il est permis d'en douter. Galvanisez un mort; il fera quelques mouvements convulsifs et désordonnés, puis il retombera pour toujours dans le silence de la tombe.

Cependant ces fanatiques se disent illuminés et font partout leur propagande avec une ardeur, une rage satanique (1).

Ils viennent de poser leur tente au centre du canton du Valais, en Suisse. Ils ont établi un temple et une école dans ce pays où, naguère encore, régnait une foi

(1) Ils ont reçu, dit-on, deux millions tout dernièrement de l'Anglais, pour tendre leurs filets sur Lyon. Misérables! *vous ne l'aurez pas notre Rhône lyonnais!*

vive et des mœurs patriarcales. Mais le radicalisme, les sociétés secrètes et un système d'instruction fausse, incomplète, superficielle, pire cent fois que l'ignorance, n'ont que trop préparé les voies au génie de l'erreur.

Effrayé de ces dangers, le chanoine et baron de Stokalper, ce noble père des pauvres et des orphelins qui consacra sa fortune aux bonnes œuvres, qui usa sa vie et sa santé dans les luttes contre le radicalisme et l'impiété, vient de passer à Lyon, implorant, en faveur de son orphelinat, quelques-uns de ces Lyonnais si généreux et si dévoués à tout ce qui est grand et beau. J'ai été profondément touché et du courage et du zèle de ce noble vieillard et du royal accueil qu'il a reçu dans quelques maisons vénérées de la cité lyonnaise.

Quelques jours après le départ de M. de Stokalper, M. de M..., son ami, petit-fils d'un général qui défendit Lyon contre les révolutionnaires en 1792, qui, lorsque les bourreaux triomphants, lui dirent : « Sers la république et nous te laisserons la vie et ton grade ; » répondit : « Je ne puis servir que mon Dieu et mon roi. Frappez..... »

M. de M..., qui a fait ses premières études en Valais, m'écrivit une lettre touchante pour recommander à mon patriotisme et à ma foi, l'orphelinat fondé à Sion, pour sauver des griffes de la *Momerie*, les orphelins et les enfants délaissés.

Cette lettre m'a touché. J'ai été honteux, je l'avoue, de me voir donner une leçon de dévoûment au lieu qui m'a vu naître, par un Français, bien qu'il soit grand et généreux cmme un Français. Le dirai-je? je n'ai jamais été si malheureux de n'être pas riche. Après avoir recherché longtemps comment je pourrais apporter aussi, à cette belle entreprise, mon léger tribut, j'ai pensé qu'en publiant à Lyon, au profit de cette œuvre, un chant à Marie, j'intéressais doublement la grande et immortelle souveraine qui, du haut de la colline de Fourvière, veille avec tant de sollicitude sur cette grande et noble cité, tendre et sublime enfant de son amour et détourne ou tempère, depuis si longtemps, les orages et les fléaux qui la menacent.

Les enfants sont heureux quand on chante leur mère.

Allez donc, mes strophes, prenez des ailes, volez, portez jusqu'aux extrémités du monde le nom de la Vierge divine, le plus beau nom de l'univers. Ce nom vous portera bonheur; peut-être bien des mains daigneront vous prendre et vos petits sous feront une somme, et cette somme pourra concourir avec d'autres à détourner d'un pays voisin et bien intéressant, les projets de l'esprit des abîmes qui se transfigure en ange de lumière pour mieux tromper les simples et les ignorants. Vous êtes écloses en courant, vous êtes simples et négligées; mais je vous aime ainsi et vous préfère à mes chants les plus ambitieux, parce que vous êtes à ma mère, parce que vous êtes l'expression naïve des plus doux sentiments de mon cœur.

PHYSIOLOGIE DES MOMIERS.

Qu'est-ce, au fond, que les *Momiers* ? J'ai vécu long-temps au milieu d'eux, partant je veux répondre à cette question, en racontant quelques traits qui me sont personnels. Le lecteur bienveillant me le permettra, bien qu'il ne convienne pas de parler de soi, même pour en médire. Je ne suis ni prêtre, ni théologien ; jésuite ?... mille fois moins. Ceux qui me connaissent me reprochent plutôt beaucoup d'indépendance dans les pensées, les volontés et les actes. Quelques travaux philosophiques, publiés dans le temps, ont peut-être justifié ce reproche.

En fait de religion, comme dans la science et la politique, j'aime et j'honore, il est vrai, toutes les convictions franches, pourvu qu'elles soient tolérantes et justes envers tout le monde, et surtout pourvu qu'elles ne s'imposent pas avec la terrible et funeste éloquence de l'or et des intérêts matériels. Voilà pourquoi je ne puis aimer la *Momerie*.

Je me rendis à Genève, il y a quelques années, pour y publier un travail de philosophie et de politique. Quelques opérations malheureuses dans les affaires, où je suis maladroit, avaient chagriné mes parents, qui m'avaient un peu délaissé pour me donner une leçon. Je tombai dans une détresse si grande qu'il me fallût laisser un habit neuf, ma dernière ressource, en paiement à mon maître d'hôtel. Cette race est sans vergogne et sans pitié, surtout à Genève !... où *ils ont soin d'étaler force Bibles* dans les chambres des étrangers !!!...

Je m'en allai donc, demi-nu et transi de froid, demander l'hospitalité à un jeune homme de mon village. Les Momiers l'avaient séduit, mais je l'ignorais. Il consentit à m'héberger en attendant qu'une de mes sœurs, ma bonne sœur Marie, généreuse fille que j'aime tant, m'envoyât *quelques grains pour subsister jusqu'à la saison nouvelle.*

Trois jours après, mon compatriote, qui savait fort bien que mes parents, au besoin, lui paieraient largement son hospitalité, me dit, après avoir reçu le mot d'ordre de ses nouveaux chefs : « Vous voyez, « tout vous abandonne... Pour moi, je ne puis plus « vous garder !!! mais, j'ai parlé de vous... Entrez « immédiatement au collége théologique des Métho- « distes... On vous fournira tout, et l'on vous promet « un brillant avenir. »

En ce moment, j'étais exclusivement rationaliste. De la foi sereine de mon enfance, il ne me restait que la certitude du libre arbitre et de l'existence de la Divinité, et, par une de ces contradictions fréquentes chez les soi-disant *esprits-forts* qui nient la révélation, un reste d'amour pour la Mère de Dieu, sentiment que j'avais puisé sur les genoux de ma mère. Si vous saviez, ô mères, toute la puissance et la ténacité des affections que vous faites passer, avec le lait, dans le sein de vos enfants, vous seriez fières de votre mission et de votre influence sociale. C'est vous qui façonnez, tout d'abord, notre esprit et nos cœurs. Rien n'est puissant et durable comme les traits que vous y déposez avec l'irrésistible empreinte de votre amour. Ces traits peuvent s'obscurcir, il est vrai, sous le souffle des passions et des fausses doctrines ; mais ils reparaissent toujours, brillants et lumineux, aux heures de calme et de sérénité. Les publicistes, les législateurs, les diplomates, les souverains prétendent régler à leur gré le présent et l'avenir des peuples ; et c'est vous qui, par votre action toute puissante sur les générations nouvelles, portez réellement, dans votre esprit et votre cœur, l'empire du monde. Tant que vous les tiendrez hauts et purs, la société pourra traverser des écueils et des tourmentes, mais elle ne sombrera pas.

J'avoue humblement, pour ma part, que le souvenir de ma mère, les exemples et les leçons de sa foi, la crainte d'attrister son cœur et d'imprimer une tache à son nom vénéré, m'ont seuls retenu sur le bord de l'abîme où tout m'entraînait violemment. Car il est trop vrai que la faim est mauvaise conseillère. Un rationaliste, d'ailleurs, doit trouver, s'il est tant soit peu conséquent, toutes les religions également bonnes et indifférentes.

En outre, j'étais assailli constamment par des fanatiques qui m'apportaient les livres les plus envenimés contre le catholicisme, et me répétaient avec un air de conviction qui me faisait pitié : « Vous adorez le pape et les images ; vous êtes des païens. » Ils étaient un peu désappointés, il est vrai, quand je leur répondais : A ce compte, vous adorez, vous, Luther Zwingle, Calvin, de Bèze, etc. , car vous honorez leur mémoire et vous conservez pieusement les images et les statues de ces hommes qui, certes, avaient bien leurs vices et leurs défauts, et ressemblaient un peu, sur ce point, *à Jupiter et à sa cour immonde.*

Enfin, l'on m'adressa un pasteur savant que je questionnai naïvement sur les bases de sa croyance. Il commença par me poser en principe le fatalisme de Calvin, c'est-à-dire la négation absolue de notre liberté. « Nos « œuvres ne sont rien, me dit-il, nous n'avons aucune « initiative ; Dieu seul fait tout en nous. » Or, sans. être aucunement théologien, je prétendais avoir au moins la philosophie du bon sens, et je lui dis : « Que « devient alors, Monsieur, notre sentiment si profond « de notre liberté ? Si Dieu seul fait tout en nous, « pourquoi ces remords qui nous assiégent quand nous « avons commis une mauvaise action ? Pourquoi les « écritures disent-elles à chaque page : efforcez-vous, « combattez, résistez à la tentation, etc. etc. » Et le savant pasteur était très-embarrassé. Je le pressai si vivement, qu'à bout de son latin, il bondissait de honte et de colère. Il dit le lendemain, avec un air de componction à mon compatriote, impatient de connaître le succès de notre entrevue : « Ce jeune homme est un « pauvre aveugle... un pauvre égaré !!! il ne songe pas « au salut de son âme !!! »

Bref, j'ai vu, pendant mon séjour assez long à Genève, qu'un bon nombre de familles pauvres tombent dans les filets des Momiers, qui les séduisent avec leurs promesses et leur or, à défaut de la raison qu'*ils ont oubliée*, et les laissent retomber, plus tard, dans leur misère, rendue cent fois plus affreuse par le remords des apostats qui les bourrelle nuit et jour.

DOGMES STUPIDES IMMORAUX ET LACHES DES MOMIERS.

Une chose, cependant, doit rassurer un peu le catholicisme, malgré cette propagande effrénée de la Momerie : c'est le bon sens et la logique naturelle du peuple, qui fera ce raisonnement bien simple :

On peut regarder d'avance comme fausse, ridicule, contradictoire, toute croyance dont les dogmes fondamentaux sont en opposition directe, évidente avec les grands principes de raison et de sens commun admis par le consentement unanime de tous les peuples et de tous les âges. Or, telle est assurément la doctrine des Momiers. Ils contredisent évidemment la raison et le bon sens, et les faits admis par tous les peuples et tous les siècles. Car ils nient d'abord la liberté et le mérite personnel, et, par là même, la responsabilité de nos actes ; faits primitifs que tout homme sent en lui avec une irrésistible évidence, à moins qu'il ne soit atteint de folie ; fondements essentiels de toute société, sur lesquels reposent toutes les institutions, toutes les législations, tous les tribunaux, tous nos jugements, tous nos conseils, toutes nos délibérations ; en un mot, toute morale et toute religion possible. En effet, si, comme le prétendent les Momiers, nous n'avons pas l'initiative de nos actes, si toutes nos bonnes œuvres sont produites en nous fatalement par Dieu même, si, par conséquent, nous n'avons aucun droit aux récompenses, qu'avons-nous à attendre, en ce cas, de la Divinité ? Quelle différence ferez-vous alors entre le scélérat et le héros? quel droit nous reste-t-il à une rétribution future, et, partant, à l'immortalité de l'âme ? (1)

(1) Ces étranges doctrinaires redisent à satiété aux catholiques qu'ils s'efforcent d'embrigader : *Ce ne sont pas les œuvres qui sauvent, c'est la foi seule.* — Or. si les bonnes œuvres ne sauvent pas, n'est-il pas naturel de croire que les mauvaises ne perdent pas non plus? Croyons donc, et lâchons la bride à toutes nos passions les plus infâmes. Crois en Dieu, mon frère, et fais ce que tu voudras, ou, si bon te semble, ne fais rien du tout. C'est fort commode assurément pour les paresseux, les lâches, les calomniateurs, les avares, les débauchés, les fourbes, les voleurs, les brigands. Il est singulier, qu'avec tant d'éléments de succès, ces messieurs ne fassent pas mille fois plus de prosélytes.

Rien ne simplifie les questions comme l'exemple joint au précepte.

Permettez-moi donc, cher lecteur, de vous raconter, à propos de ce principe fondamental des Momiers, un trait qu'on pourra trouver invraisemblable ; mais j'en garantis, sur l'honneur, l'exactitude. Si mes adversaires m'en demandent la preuve, je leur préciserai, au besoin, le lieu, l'époque, les circonstances, les personnes, etc. Si je n'ai pas signé cette brochure en toutes lettres, c'est qu'il s'agit ici de faire le bien et non point de flatter les vaines chimères d'un fol amour-propre d'écrivain. Mais je prie mon digne imprimeur de dire, au besoin, mon nom à qui voudrait le savoir pour venir me demander raison. On sait, d'ailleurs, qu'en vertu des lois de la presse, en France, un auteur, anonyme ou non, est toujours responsable et se trouve toujours.

Un de ces apôtres qui s'étaient chargés, à Genève, de ma conversion, me parla, un soir, de Jésus et de l'Evangile avec beaucoup d'exhaltation. Cela me fit croire que, s'il radotait, il

Ces ridicules négations une fois posées, le reste de la doctrine des nouveaux sectaires de Calvin en découle assez rigoureusement.

Bien que tous les peuples aient cru que les justes, de leur vivant, et surtout après leur mort, attirent sur leur pays et sur ceux qu'ils ont aimés ou qu'ils aiment encore, les bénédictions du ciel, comme les scélérats attirent sa colère et ses vengeances ; bien que, d'après la Bible (que les Momiers ne songent pas cependant à nier), Dieu ait dit qu'il épargnerait une ville coupable en faveur seulement de dix justes, ces fanatiques novateurs osent nous répéter à tue-tête, la Bible et l'Evangile à la main, des billevésées qu'on peut traduire exactement ainsi, en les analysant : « Erreurs, peuples, « erreurs ! Ces grandes et nobles âmes qui sacrifièrent « tout, biens, dignités, gloire, amour, plaisirs, pour « Dieu et l'humanité, n'ont eu aucune action par leurs

était au moins innocent et pur. Sur ce, il s'en alla immédiatement passer une nuit de débauches et ne rougit pas de me raconter, le lendemain, *en détail*, ses infâmes prouesses. Puis, me voyant abasourdi de cette singulière opposition de sa conduite avec son sermon de la veille, il me dit avec un ton bien convaincu : *La foi sauve et non les œuvres.*

Et ces hommes ont constamment à la bouche et dans les mains la Bible et l'Evangile qui stigmatisent, à chaque page, *la foi morte, la foi stérile, la foi sans les œuvres de lumière,* et les œuvres de ténèbres malgré la foi.

Ces monstruosités seraient incroyables, si l'histoire n'était là pour montrer qu'il n'est pas de sottises et d'horreurs qui n'aient été engendrées par la rage de dogmatiser sans frein, sans règle, sans autorité, et, partant, au gré de toutes les intempérances du cœur et de l'esprit.

« prières, de leur vivant, sur le cœur du Roi si magni-
« fique qu'ils servaient si généreusement ; elles en ont
« mille fois moins encore quand, après avoir triomphé
« pour sa gloire et son amour, elles siégent auprès de
« lui, heureuses et couronnées. Les grandes et belles
« actions sont sans mérite devant la justice suprême ;
« Dieu vous a trompés en le disant ; et le monde s'est
« trompé six mille ans sur sa parole. Tous les peuples
« ont honoré la mémoire des bienfaiteurs de l'huma-
« nité… Erreur ! idolâtrie !… Nous honorons, nous,
« Luther, Bèze et Calvin qui semèrent, dans le monde,
« la discorde et la guerre, et se sont vautrés, comme
« d'infâmes pourceaux, dans la débauche et les or-
« gies. Nous leur élevons des statues ; nous conser-
. vons pieusement leurs images. Vous honorez, vous,
« des saints innocents, vertueux, chastes, purs, héroï-
« ques ! Pauvres aveugles !!! Malheureux égarés !! vous
« êtes des idolâtres… Tout bon fils aime, honore,
« exauce, s'il le peut, sa mère toujours, partout ! Tout
« bon fils aime ceux qui aiment et honorent sa mère,
« et maudit ceux qui la méprisent et l'outragent. Néron
« seul, et quelques monstres comme lui, ont méprisé,
« délaissé, outragé la leur. L'Homme-Dieu fut le plus
« tendre, le plus aimant, le plus noble des hommes ;
« eh bien ! seul il n'aime pas sa mère, seul il la dé-
« daigne, seul il ne veut pas qu'on l'honore et qu'on
« l'aime ; seul il maudit ceux qui la prient d'intercéder
« pour eux auprés de lui. Il l'aima, l'honora, lui obéit
« constamment, l'exauça toujours, tant qu'il fut pauvre,
« souffrant, malheureux. Il l'oublie, la méconnaît, la
« dédaigne dans son triomphe et sa gloire. »

Ah ! c'en est trop ! le cœur, le temps et la patience me manquent pour dérouler jusqu'au bout la longue suite de ces contradictions, injurieuses envers Dieu, flétrissantes pour la dignité de l'homme. Je ne puis songer, sans rougir de honte et de douleur, que ces misérables prédicants s'en prennent aux lieux où je suis né. Aussi, bien qu'absorbé par les travaux scientifiques et littéraires, je sois étranger à toute discussion religieuse, je ne puis m'empêcher de protester, pour ma part, contre cette attaque à la foi de mes pères. Il me semble entendre le catholicisme en Suisse rugir de douleur, comme le lion blessé et insulté, et crier en sentant cette ignominieuse atteinte : « Ah ! j'ai été « menacé, menacé, outragé par le Protestantisme, « le radicalisme, les réfugiés politiques, les sociétés « secrètes : les loups rapaces, les tigres féroces, « les lâches hyènes, les ours voraces m'ont mordu, « déchiré, flétri. Aujourd'hui, comme le roussin de « la fable, c'est le Momier qui donne son coup de « pied ! *Ah ! c'est mourir deux fois que sentir ses at-* « *teintes !!!*

« J'étais libre et fier au milieu de mes rochers et de « mes montagnes. D'hypocrites ennemis m'ont crié : « liberté, indépendance, fraternité ! et ils ont brandi « des chaînes infâmes, et ils en ont chargé mes nobles « enfants. Oh ! qui brisera mes fers ? qui me rendra « ma jeunesse, et ma force, et ma liberté ? »

Valaisans, mes compatriotes ! c'est à vous aujourd'hui qu'on en veut ! Ces malheureux fanatiques ont planté leur camp au milieu de vous ! « Ils sont pauvres, « ont-ils dit ; nous ferons briller à leurs yeux l'éclat

« de l'or. Nous les aurons. » Non, non ! je vous en conjure par votre honneur, par votre indépendance naturelle, par les cendres de nos pères, ne souffrez pas un pareil outrage. Tous ensemble, quelle que soit votre opinion politique, unissez-vous contre l'ennemi commun. Montrez au monde qu'on peut vous opprimer par la violence et la force, mais vous séduire avec l'appât de l'or, jamais. — Sachons enfin distinguer la religion des fautes et des abus de quelques-uns de ses ministres. Dira-t-on qu'un code est faux et mauvais parce que certains juges, au lieu de l'interpréter exactement et de le pratiquer saintement, ne rougissent pas de vendre l'innocent à l'or du coupable ?

D'ailleurs, ne l'oublions pas, si, dans les rangs de l'ignorance et de la misère, quelques familles, cédant aux terribles conseils de la faim, abjurent la foi primitive; un grand nombre de savants, d'hommes éminents, en Angleterre, aux États-Unis, dans les Pays-Bas, laissent honneurs, dignités, fortune, amis, parents, patrie et se soumettent à la pauvreté pour embrasser le catholicisme après de longues méditations.

Au moment où je viens de tracer ces lignes, un ami, parfaitement renseigné, nous écrit de Londres que le protestantisme, en Angleterre, a le râle de l'agonie; que le trois-centième pasteur, depuis trois ans, vient de rentrer, il y a huit jours, dans le giron de l'Eglise. Nous savons, en outre, qu'en Hollande et en Belgique cent vingt ministres de l'Église réformée, ont reconnu secrètement la vérité catholique et sont retenus encore sous les drapeaux de l'erreur, uniquement par la crainte de se précipiter, eux, leurs femmes et leurs enfants, dans une extrême indigence en abjurant le culte qui les fait vivre.

Luther! Calvin! Henri VIII! Photius! quel démon ennemi du bonheur et de la paix du monde vous a déchaînés sur la terre? Si l'Europe avait aujourd'hui un seul culte, une seule croyance, la paix et la concorde multiplieraient ses forces; elle propagerait rapidement dans tout l'univers les bienfaits de la vérité et de la civilisation. Rien ne résisterait à l'action toute puissante de la France, et de l'Angleterre et de la Russie, unies par la communauté de croyances bien mieux qu'elles ne peuvent l'être par l'alliance apparente et partant éphémère des gouvernements.

Mais, hélas! les cultes divisent les peuples qui devaient être unis. Si l'on y regarde de près, au fond de toutes les dissenssion politiques règnent toujours les antipathies religieuses. Et les plus nobles intelligences sont condamnées à disperser, à user dans les luttes de religion, ces forces et ces lumières qu'on devrait consacrer ensemble aux progrès de la civilisation et de l'humanité.

Leibnitz et Bossuet! nobles cœurs! sublimes intelligences! quelle serait votre douleur si vous reparaissiez parmi nous? Vous vous étiez bercés d'une douce espérance, et cette espérance semblait fondée. Après y avoir réfléchi avec toute l'étendue et la profondeur de votre génie, vous aviez compris que les catholiques et les protestants n'étaient pas si éloignés qu'on le pensait, les uns des autres, qu'il s'agissait seulement de s'entendre. Et vous aviez fait ensemble ce beau projet de réunion, auquel personne ne semble songer aujourd'hui, et qu'il faudrait tirer à des millions d'exemplaires, et propager partout chez les catholiques comme chez les protestants (1); car si l'on en excepte les momiers, tout ce qu'il y a d'hommes sincères, justes et sensés parmi les protestants aujourd'hui sont ou rationalistes ou voisins du catholicisme. Or, le rationalisme sincère n'est pas non plus si éloigné qu'on peut le croire d'un dogme positif et unitaire. Qu'estce après tout que la doctrine des Thomas, des Augustin, des Basile et des Grégoire, sinon le commentaire et le couronnement de la raison révélée?

Mais, hélas! on se divise, on s'éloigne, on se hait parce qu'on ne veut pas se comprendre; parce que de part et d'autre, des hommes mal inspirés accroissent nos distances, jettent entre nous des abîmes infranchissables en dénaturant, en exagérant les doctrines et les croyances:

> Rien n'est plus dangereux qu'un imprudent ami,
> Mieux vaudrait un sage ennemi.

Catholiques, protestants, momiers, schismatiques, anglicans, utramontains, gallicans; méditons plutôt ce bel adage d'un grand homme.

In necessariis unitas, in dubiis libertas, in omnibus charitas.

Puis, au lieu de nous éloigner, rapprochons-nous; au lieu de nous déchirer, embrassons-nous; au lieu de nous haïr, aimons-nous; au lieu de nous mépriser en altérant, en faussant réciproquement nos idées et nos

______

(1) Voir dans les œuvres complètes de Bossuet, le projet de réunion entre les catholiques et les protestants.

croyances, expliquons-nous; faisons mutuellement tous les sacrifices possibles, et nous formerons un pacte de paix pour le bonheur du monde , pour la grandeur et la force et la tranquillité de nos descendants.

Une religion quelconque n'est autre chose qu'un code fixant les rapports de l'homme avec la divinité, et ses droits présents et futurs. Or, quel est le code qui pourrait se maintenir et s'exécuter, sans un tribunal doué d'une science spéciale et revêtu d'une mission et d'une autorité vivante et souveraine, pour l'interpréter et juger les différents que peuvent soulever cette interprétation et ses applications diverses, suivant les temps et les lieux ?

Qu'est-ce donc que l'Eglise, sinon l'autorité vivante, immuable, souveraine, revêtue d'une mission évidente et d'une science spéciale pour l'interprétation et les applications du vrai code religieux! Et qu'est-ce que le pape dont on veut faire un épouvantail pour les peuples et les rois, sinon le président, le chef de ce grand tribunal nommé par Jésus-Christ pour conserver intact et pur son code et son testament?

UNE DES CAUSES DU PROTESTANTISME.

Je n'ai jamais pu songer sans émotion que tous les cantons les plus riches de la Suisse sont tombés rapidement dans les piéges de la réforme, tandis que les pays pauvres sont restés inébranlables dans la foi primitive ; que le petit troupeau de Jésus-Christ fut toujours fort, triomphant et sublime dans la pauvreté, faible et chancelant dans le bien-être ou l'opulence. Mystère doux et profond, terrible et consolant du pauvre sublime de Bethléem et de Nazareth, du Dieu qui se glorifiait d'être venu évangéliser non pas les riches mais les pauvres, du Dieu qui répétait sans cesse : « Malheur aux riches !... il est cent fois plus facile à un câble de passer par le trou d'une aiguille qu'à un riche d'entrer dans le ciel ; » du Dieu dont la vie tout entière est une incessante leçon de dénûment, d'abnégation et de pauvreté.

Toutefois, et bien qu'on puisse se tromper en considérant humainement les choses divines, aujourd'hui que les doctrines matérialistes ont semé leurs poisons jusque dans les vallées et les montagnes les plus reculées, tout porte à craindre que l'empire des consciences ne tombe entre les mains des possesseurs de l'or. Chrétiens généreux, à qui le ciel a départi l'opulence, quel plus noble usage pouvez-vous en faire que de soutenir le pauvre contre les suggestions de la misère ? N'est-ce pas là le vrai, l'unique moyen de détourner les effets de la sentence divine qui pèse depuis deux mille ans sur vos somptueuses demeures, sur vos châteaux et vos palais. »

Voyez ! L'Angletere sème des millions au gré de ses prédicants méthodistes, et nous ne ferions pas nous, pour le triomphe de la justice et de la vérité, ce qu'ils font dans un but peut-être politique et caché (1), pour la propagation de l'erreur et du fanatisme ?

(1) Si le monde pouvait devenir momier, il tomberait, pieds et poings liés, sous les griffes de l'Angleterre.

DU CULTE EXTÉRIEUR.

Je ne veux donc point combattre ici directement, les protestants sincères et modérés. Je les honore parce que j'ai parmi eux de bons amis ; parce que les plus savants de ces réformés, depuis Leibnitz jusqu'à Voet, ont rendu d'éclatants témoignages aux grandeurs du catholicisme ; parce qu'ils se gardent de faire, comme les méthodistes, une propagande absurde, stupide, ridicule chez eux ; car elle est essentiellement contradictoire avec leur principe fondamental du libre examen.

Je ne puis m'empêcher cependant de signaler encore deux points de contact qu'ils ont avec les *Momiers* ; je veux parler d'abord de la suppression du culte extérieur et de toutes les cérémonies qui s'y rattachent. Cette suppression suppose un profond oubli sinon une complète ignorance *de la nature humaine*.

En effet, il résulte de cette double nature que la plupart des idées nous arrivent par les signes extérieurs ; que les vérités les plus belles, les plus sublimes sont vagues, incertaines, fugitives tant qu'elles ne sont pas gravées et fixées dans notre esprit par quelque signe sensible et positif. De là vient qu'il n'y a ni poésie ni véritable éloquence, religieuse surtout, sans une grande abondance de figures et d'images sensibles, et de signes des choses invisibles empruntés aux objets du monde visible ; de là vient qu'il n'y a pas de parole plus figurée, plus imagée, plus matérielle, si je puis parler ainsi, dans les signes des choses divines, que la langue biblique et la parole même de Jésus-Christ.

Pourquoi cela si non parce que l'auteur de notre double nature sait fort bien que les idées et les sentiments les plus vifs, les plus saisissants, les plus durables sont toujours ceux qui frappent nos sens avant de pénétrer dans les profondeurs de notre âme? car il l'a faite incapable ici-bas de saisir directement, immédiatement et dans leur essence, les grandes vérités du monde invisible.

En effet, si nous fermons les yeux du corps pour contempler uniquement avec le regard de l'esprit, la puissance, la grandeur, la majesté et tous les autres attributs infinis de Dieu ; notre esprit ne tarde pas à s'égarer sur d'autres objets, et les philosophes même les plus abstraits ne peuvent rester longtemps dans cette contemplation essentiellement spirituelle ; mais quand je contemple la beauté des cieux et ces millions d'étoiles qui roulent dans l'espace infini et racontent la gloire de Dieu ; quand je vois scintiller les éclairs et gronder le tonnerre ; quand j'écoute les sons d'une musique harmonieuse et grave ; quand j'entre dans un temple riant et majestueux où l'art et la nature ont prodigué leurs merveilles : alors mon esprit et mon cœur s'élèvent aisément vers le premier auteur et le suprême inspirateur de ces merveilles de l'art et de la création ; alors mon âme est émue, pénétrée, dominée par ces spectacles ; alors je médite sans effort et sans peine sur la puissance et la sagesse, et la science et la grandeur infinie du maître souverain de la nature, des sciences et des arts. Mais, disent les protestants, tout signe sensible est incomplet, insuffisant quand il s'agit de Dieu, par conséquent de l'Infini.

A ce compte, Messieurs les novateurs, il faut donc supprimer tous les signes extérieurs ; il ne faudrait ni parler de Dieu ni même y penser, car toutes nos paroles, toutes nos pensées dénaturent cet être immense en le limitant. La conséquence rigoureuse de votre principe est donc la négation absolue de tout culte, même intérieur. L'enfant qui balbutie est incapable d'exprimer à sa mère, l'étendue et l'ardeur de sa reconnaissance et de sa vénération ; défendez-lui donc, si vous êtes conséquents, d'exprimer ces sentiments par aucun signe ; défendez-lui de montrer sa tendresse en présentant à sa mère, au jour de sa fête, des fleurs et des bouquets, et de lui balbutier quelques mots de joie et d'amour. Le drapeau de la patrie marche au combat en tête des bataillons et rallie tous les esprits et tous les cœurs..... Supprimez ce lambeau d'étoffe : il est indigne des gloires et des grandeurs de la France. Vous conservez avec vénération les portraits de vos pères ; brûlez, foulez aux pieds ces images inanimées des objets vivants que vous avez tant aimés, sinon vous êtes des païens, vous adorez de vaines idoles. Dans les transports de leur reconnaissance ; les sublimes enfants d'Israël demeurés intacts et riants dans la fournaise ardente, invitaient tous les objets de la nature et des arts, tous les êtres animés ou inanimés à célébrer la grandeur, et la puissance et la bonté du Dieu de l'Univers : c'étaient des idolâtres, des païens, des aveugles, des insensés.

Telles sont les déductions nécessaires du protestantisme.

Quant à nous catholiques, nous savons que les idées et les sentiments les plus nobles, les plus grands, les plus saints de leur nature, sont vagues, fugitifs, incertains tant qu'ils ne sont pas fixés par quelques symboles positifs, par quelques signes extérieurs. Nous savons que l'homme doit à son auteur, l'hommage de son corps et de ses sens aussi bien que de son ame, l'hommage des arts comme celui de la nature : voilà pourquoi nous faisons tout concourir à sa gloire. Quand nous serons des esprits purs, complètement dégagés de notre mortelle enveloppe, nous le contemplerons et l'aimerons avec notre âme seule ; nous lui rendrons un culte exclusivement spirituel : mais tant que nous serons suspendus au sein de la nature et des arts sensibles comme sur une échelle nécessaire à notre faiblesse pour aller vers lui, nous nous servirons de ces échelons utiles, essentiels pour nous rapprocher du Dieu de la nature matérielle aussi bien que des mondes invisibles ; car, vous le savez, Messieurs les novateurs, vous qui ne jurez que par la Bible et l'Évangile ; vous le savez, puisque l'apôtre saint Paul l'a dit : *C'est par les choses visibles que nous nous élevons à la contemplation et au sentiment des choses invisibles de Dieu.* Tel est l'ordre de la Providence manifesté par toutes les lois les plus impérieuses de la nature et de l'observation, et du bon sens et de l'histoire. Les idéalistes et les apostats auront beau faire : ils ne changeront pas les lois de la création et de l'humanité.

DU LIBRE EXAMEN.

Le libre examen dont les protestants comme les momiers font aussi tant de bruit comme d'une brillante et sublime invention, est un de ces mots orageux et séduisants dont on peut dire, avec beaucoup de raison, ce qu'un homme à la pensée profonde a dit de sa marâtre ou de sa fausse sœur, la LIBERTÉ, cette enfant terrible, grosse tout à la fois de fléaux et de bienfaits, tantôt douce et bonne, tantôt farouche et sanguinaire, parfois chaste et pure, plus souvent immonde et frénétique.

« Quand on est parvenu à tromper la multitude par « l'appat de la liberté, dit Bossuet, elle suit en aveugle « pourvu qu'elle en entende seulement le nom. »

Il est très-facile de se convaincre qu'on a singulièrement abusé, depuis trois siècles, de ces armes à double tranchant, et que le protestantisme surtout en a fait une application souverainement absurde et pernicieuse.

En effet, s'il est des questions où le droit au *libre examen* doit être admis par tous sans exception, les sciences positives, la politique, l'industrie, la médecine ne sont-elles pas de ce nombre sans contredit?

Et cependant, dès qu'on veut appliquer les théories à des questions graves et importantes pour les individus, ou les familles ou les sociétés, n'a-t-on pas recours, même dans ces objets, à la science et à l'autorité des hommes compétents et revêtus, à cet effet, d'une mission spéciale?

Et, lorsqu'il s'agit, dans les sciences pratiques, de certains dogmes controversés, les hommes sensés ne s'en tiennent-ils pas, jusqu'à plus ample informé, à l'opinion la plus universellement admise par le tribunal des savants?

Enfin, dans leurs maladies graves et personnelles ou dans les affections dangereuses des personnes qui leur sont bien chères, les médecins même les plus éminents n'ont-ils pas recours aux lumières de leurs confrères, et cela avec beaucoup de raison parce que, dans les questions particulières qui nous intéressent au plus haut point, la crainte ou le désir troublent la sérénité de nos jugements, et nous font prendre parfois les résolutions les plus funestes? Aussi rien n'est-il plus vrai que ce proverbe antique trop oublié :

« Nul n'est bon juge dans sa propre cause. »

Enfin ne voit-on pas tous les jours, même dans la conduite commune de la vie, les esprits les plus ordinaires pourvu qu'ils soient neutres, désintéressés, juger avec plus de sûreté, de droiture et de précision que les génies les plus élevés, dès qu'il s'agit, pour ces derniers, de questions qui touchent de près à leurs penchants, à leurs passions ou à leurs intérêts personnels?

Et lorsqu'il faut régler, gouverner, guérir nos passions qui sont les maladies de l'âme ; lorsque nos immortels et suprêmes intérêts sont en jeu, alors l'ignorant comme le savant, le paysan le plus illettré, comme le théologien le plus consommé, ne devrait consulter que lui-même, si l'on en croyait la doctrine protestante du libre examen? Étrange renversement de toutes les règles les plus élémentaires de la prudence et de la sagesse humaine!!! Quand il s'agit d'interpréter pour les appliquer à sa conduite personnelle, les saintes écritures où s'agitent tant de questions profondes et mystérieuses; où se trouvent tant de passages paraboliques, tant de propositions contradictoires, en apparence; où tant d'expressions allégoriques prêtent aux interprétations les plus diverses, les plus opposées; où il faut par conséquent, pour ne pas s'égarer, des connaissances étendues d'histoire, de philosophie, de théologie et de philologie: alors les ignorants, les illettrés qui forment encore aujourd'hui comme au temps de Luther et de Calvin, l'immense majorité des hommes, seraient réduits à leurs propres lumières? « Mettez leur une bible à la main, et tout est dit. »

Car, selon vous, Messieurs les réformistes, l'Esprit saint éclaire toujours tout homme qui lit la bible; toujours l'Esprit saint est là pour lui dicter le sens vrai... Or, s'il en est ainsi, d'où vient donc que, dans vos synodes, vous ne réussissez presque jamais à vous entendre en la lisant? D'où vient que vous y trouvez presque autant de sens différents et souvent opposés que vous êtes d'individus!

La vérité, qui est une parce qu'elle émane de l'Unité infinie, parce qu'elle est Dieu même, serait donc, selon vous, un protée toujours changeant, toujours trompeur, toujours insaisissable?

D'ailleurs, et ce fait jaillit éclatant de l'observation

et de toute l'histoire du Christianisme, l'esprit de Dieu n'inspire directement, immédiatement que les esprits humbles et les cœurs purs. Or, combien en est-il qui réunissent ces qualités, aujourd'hui que le sensualisme a pénétré partout, aujourd'hui qu'il n'y a pas de sot enfariné de grec et de latin, voire même seulement d'histoire, à la mode des romans à 4 sous, qui ne se croie un docteur et un grand génie?

Il est donc évident, de la plus haute évidence pour tout homme de bon sens, même d'après les réflexions purement philosophiques qui précèdent, que si la vérité chrétienne se trouve quelque part, elle ne peut être que dans un corps de science et d'autorité qui repose sur une tradition non interrompue depuis Jésus-Christ jusqu'à nous, et par conséquent dans le dépôt des doctrines expliquées par les premiers évêques contemporains et collaborateurs des apôtres, et par leurs successeurs jusqu'à nous.

Faut-il s'étonner après cela si, en rompant, mille ans après, avec ce passé, lumineux d'où tout dépend, tant de réformistes et surtout de momiers font dire à la parole de Dieu, les choses les plus absurdes, les plus ridicules, les plus monstrueuses, les plus immorales? Faut-il s'étonner si Luther lui-même, malgré toute l'étendue et la souplesse de son esprit, était constamment aux abois avec ses disciples qui opposaient sans cesse des textes et des interprétations contraires, aux textes et aux interprétations qu'il invoquait pour soutenir ses idées et ses réformes et ses prétentions? (1)

(1) Audin, *Vie de Luther.*

Faut-il s'étonner si les uns trouvent dans l'Evangile les songes creux de Fourier ; les autres, la théorie du despotisme ; ceux-ci la soumission aveugle, absolue aux pouvoirs établis, quelque révoltant qu'ils puissent être ; d'autres, l'assassinat politique et la guerre mazzinienne, même aux bons rois qu'on flétrit, de par l'Evangile, sous le nom de tyrans et de fléaux exécrables de l'humanité !

Faut-il s'étonner si les ministres protestants, même les plus érudits, tombent aujourd'hui, avec Strauss, de la négation de toute autorité dans la négation de la divinité de Jésus-Christ et de la révélation tout entière ?

Faut-il s'étonner si aujourd'hui, cédant stupidement, à leur insu, à ce besoin naturel, inné et par conséquent rationnel, d'une autorité supérieure, et cela après avoir nié, bafoué toute autorité, un bon nombre de pasteurs protestants ont fondé à Genève la secte des *tables tournantes et parlantes*, auxquelles ils demandent humblement et docilement l'explication des saintes Ecritures ?

Je sais très-positivement que cette secte existe à Genève et se réunit régulièrement pour l'exercice de son culte. Quel est ce culte ? le voici : vous aurez peine à m'en croire, je le sais, mais je vous prie, cher lecteur, de ne pas oublier ici que :

Le vrai peut quelquefois n'être pas vraisemblable.

Dans une vaste salle transformée en temple nouveau s'élève un autel : sur cet autel est le Dieu. Quel est ce Dieu ? Une table.

Prier Dieu par les Saints ! quel crime épouvantable !
Le vrai culte aujourd'hui c'est celui DE LA TABLE !!!

Sa majesté est-elle voilée pour ne pas éblouir, de son éclat et de sa grandeur, les mortels chétifs ? Nenni. Une table toute nue, avec tous ses charmes et ses appas. Si j'avais voix délibérative dans l'auguste assemblée, je proposerais de donner, au moins, à cette nouvelle Minerve, cotillon, crinoline et bas bleus...

Or, Messieurs les pasteurs, après avoir courbé, devant la déesse, leur front savant, lui demandent avec une grave et naïve confiance, l'explication des textes qui les embarrassent le plus ; et la déesse, qui d'ailleurs est bonne créature, répond avec sa science merveilleuse, *de omni re scibili.*

Et, Messieurs et Mesdames pasteurs et pastourelles écrivent, avec un respect mêlé de saisissement, toutes les réponses sublimes du docteur de bois, sans y changer un iota.....

S'agit-il d'agréger un nouveau membre : on demande pieusement à la déesse si tel est son plaisir; si elle daigne agréer les hommages d'un nouveau saint.... Car la déesse, plus chaste que Vénus et Junon, n'admet pas, sans distinction, tous les adorateurs.

Le père d'un de mes amis, Monsieur de M..., Génevois, curieux de pénétrer ces nouveaux mystères d'Eleusis, demande un jour son admission. Or, la table répondit, avec une voix ferme et douce : Non, non je ne veux pas!...... et Monsieur de M... fut exclu à tout jamais du nombre des élus. C'est que Monsieur de M... est bon catholique, bon mari, bon père de famille.

Odi profanum vulgus et arce.
Bannis des *sacrés lieux* le profane vulgaire.
(*Traduction des Muphtis*).

Ouf ! Nous voilà revenus aux trépieds antiques, aux mystères de la bonne déesse, aux dieux de bois, aux tables tournantes.

Tout tourne dans les cieux et tout tourne ici-bas,
Table-Dieu ! pourquoi donc ne tournerais-tu pas ?

. . . .

. . . .

Tous les peuples ont cru dès le berceau du monde,
Qu'ils ont du Tout-Puissant une empreinte profonde ;
Erreur ! peuples ! erreur ! Mais ce qui me confond,
Ce qui cache à ma vue un mystère profond,
C'est le chapeau tournant, c'est la table tournante.
Mon âme à ce prodige interdite et tremblante,
Dans un sapin doré qui la saisit d'effroi,
Enfin trouve son Dieu, sa lumière, sa foi !
Dieu-Table ! qui dira ta vaste intelligence ?
Céleste guéridon ! j'adore ta puissance.

. . . .

. . . .

Silence !!! chapeau bas !!! il ouvre la séance.

DE QUELQUES CONSÉQUENCES DE LA RÉFORME : ORGUEIL, MÉLANCOLIE LITTÉRAIRE, APOTHÉOSE DE LA RAISON, SCEPTICISME, ETC.

Ce culte protestant et momier, ou plutôt cette négation de tout culte véritable, négation diamétralement opposée aux lois les plus impérieuses de notre nature, renferme en soi je ne sais quoi qui glace le cœur, attriste l'âme , efface peu à peu jusqu'aux dernières traces de toute croyance positive et certaine.

A ce sujet, je veux faire ici encore un petit aveu.

Dans les questions qui intéressent ma curiosité philosophique, j'aime à voir de mes yeux et à toucher au doigt les faits. Cette curiosité peut-être indiscrète me conduisit parfois dans les temples des protestants et des momiers. Ce qui m'a frappé chez eux, c'est la monotonie singulièrement mélancolique pour ne pas dire lugubre, de leurs prêches et de leurs prières. Ils parlent à Dieu et de Dieu, non point comme des enfants qui s'épanchent devant leur père avec une confiance pleine d'amour, mais comme des esclaves qui tremblent sous le regard d'un maître cruel et despotique.

Je me suis arrêté quelquefois le dimanche, sur la place du Change, pour y observer les protestants sortant du prêche. J'y ai vu, il est vrai, force équipages attendant leurs riches habitants ; mais partout sur les figures des jeunes gens comme des vieillards , des jeunes filles comme des matrones respectables, j'ai trouvé je ne sais quelle expression glaçante, de mélancolie, de contrainte, de tristesse ; je traversais le pont Nemours, et je me croyais transporté dans une autre sphère en considérant, sur la place Saint-Nizier, les visages à la fois épanouis, calmes et sereins des catholiques sortant de leurs offices. On dirait une famille riante venant d'un saint banquet où elle fêtait un bon père et une tendre mère (1).

(1) Cette observation n'est pas neuve, il est vrai. Presque tous les Lyonnais l'ont faite longtemps avant moi.

Du reste, les observateurs qui ont parcouru à la fois les pays catholiques et les cantons protestants de la Suisse, ont dû remarquer partout ce contraste frappant entre la douce gaîté des vrais chrétiens et la sombre tristesse des visages calvinistes ou luthériens.

D'où peut venir cette étrange opposition de l'air chagrin du protestantisme qui pourtant lâche la bride à toutes les incontinences de l'esprit, et du cœur et des sens, *avec* la sereine jubilation d'une religion sévère qui nous impose toutes les abstinences, toutes les barrières les plus gênantes pour l'orgueil et les délires de l'esprit, comme pour les caprices du cœur et les ardentes convoitises du sensualisme?

Il y a là certes de quoi réfléchir.

C'est depuis la réforme que les suicides, toujours rares dans la pauvre et catholique et généreuse Irlande, se multiplient d'une manière effrayante au sein de l'opulente et matérielle Angleterre.

Et c'est encore des entrailles mêmes du protestantisme que nous est venue cette littérature maladive des pleureurs *quand même*, littérature monotone et sombre, langoureuse et échevelée, pleine de nuages et de brouillards qui, de l'Allemagne et de l'Angleterre, est venue s'abattre, depuis cinquante ans sur la France, et ferait rire de pitié ou frémir d'indignation les Fénelon, les Racine, les Corneille, les Bossuet, les Boileau, les Molière avec le bon La Fontaine.

Ces éternels larmoyeurs qui ont toujours au cœur la fièvre et les orages, et des pleurs de commande sous les yeux, au sein même de l'abondance, des plaisirs et des voluptés, auraient fait merveille peut-être dans les pompes des funérailles antiques; mais en France ils se trompent et de temps et de lieu. Aussi ne leur reste-t-il plus bien longtemps à pleurer. Paix à leurs cendres et consolons-nous; quelques années encore de ce régime, et le gros et franc rire des bons Gaulois était perdu pour toujours; on n'en parlerait plus que pour mémoire.

Toutefois il serait instructif et curieux de montrer, sous un point de vue purement littéraire, comment et combien les dogmes et les pratiques positives du catholicisme contribuent à la précision comme à la sérénité des pensées, des images et du style, et de faire ressortir, sous ces divers rapports, les effets opposés du protestantisme, du rationalisme, du panthéisme et du scepticisme. Les preuves surgiraient en foule. En effet, quoi de plus limpide d'abord que l'éloquence des Chrysostôme, des Jérôme et des Augustins, et la littérature profondément catholique du grand siècle de Louis XIV, malgré la ridicule manie qui poussait ses poètes à faire intervenir partout leurs froides allusions mythologiques?

Que de nuages par contre et de brouillards dans la plupart des productions littéraires de l'Allemagne et de l'Angleterre, depuis la réforme, sans parler des ténèbres qu'elles ont vomies sur la France par leurs imitateurs, et cela malgré le caractère essentiellement clair, naturel, précis, positif et riant de l'esprit français!

Il serait facile de montrer, en prenant, entre mille, un brillant échantillon, que M. de Lamartine, dans ses Méditations écrites sous l'influence d'une éducation catholique, au milieu des exemples et des leçons et pour ainsi dire, sur les genoux de sa noble et pieuse mère, se rapproche très-souvent du naturel, de la précision et de la pureté du lyrisme racinien ; et que déjà dans ses harmonies, où il commençait à subir une foule d'influences contraires aux pieux sentiments de sa première jeunesse , il est souvent bien plus vague, plus nuageux, plus tourmenté. Qui oserait nier l'éclat de cette intelligence dont les œuvres capitales resteront à jamais comme un des plus beaux fleurons de la grande couronne littéraire de la France ?

Je ne puis.m'empêcher cependant de reconnaître ce que voient et disent à regret bien des littérateurs à la fois distingués et bienveillants. Aujourd'hui que ce grand homme est tombé d'abord dans le rationalisme protestant et de là dans le gouffre dévorant du scepticisme, ses théories littéraires, esthétiques, politiques et philosophiques révèlent d'étranges défaillances, une indécision et un vague désespérant, et cela dans un âge où le jugement et la raison doivent prévaloir sur l'imagination et le sentiment. Si du moins les gémissements et les larmes des faux Jérémies avaient pour origine et pour motif, comme celles du Jérémie antique, les faiblesses et les vices, et les abaissements et les étranges contradictions de notre nature , et *nos misères de grands seigneurs* , et nos souffrances de rois dépossédés, comme l'a si bien dit Lamartine :

L'homme est un Dieu tombé qui se souvient des cieux ! ! !

Mais, hélas ! si l'on y regarde de près, on voit trop que leur mélancolie et leurs lamentations, quand elles sont vraies, dérivent d'une incroyable exagération de leur personnalité, de leurs rêves ambitieux, des déceptions d'un monstrueux amour-propre, et du vide affreux jeté dans leurs âmes amollies et trompées par la recherche de l'infini dans les éclairs fugitifs et insaisissables de la volupté.

On cherche une patrie durable et une immortelle royauté dans cette parcelle de boue perdue dans l'immensité, et l'on n'y trouve que les amertumes et les angoisses de l'exil.

De là cette fiévreuse nostalgie des gens qui ne savent plus élever au-dessus de la terre leurs regards faits pour contempler les cieux. S'ils les entrevoient un instant, c'est avec la mollesse d'un voyageur qui n'a plus la force de cheminer jusqu'au terme de sa route. C'est alors quils s'écrient avec l'angoisse et le remords d'un poète, vivante image de notre époque :

> Quand j'ai connu la vérité,
> Quand je l'ai comprise et sentie,
> J'en étais déjà *dégoûté*. (1)

Eh ! qu'aimez-vous donc, grand Dieu ! si la *vérité* même vous dégoûte ? Malheureux ! comme vous voilà dégénérés ! comme vous voilà indignes des païens eux-mêmes qui s'écriaient :

« Si les hommes *comprenaient et sentaient* les charmes de la *vérité* et de la *vertu* ils s'enflammeraient pour elle d'un immortel amour... »

> Quæsivit cælo lucem, ingemuitque repertâ...
> Son œil appesanti cherche au ciel la lumière,
> La voit, gémit, referme à jamais la paupière.

(1) Alfred de Musset.

Ne semble-t-il pas voir en eux la Mollesse en personne qui

Soupire, étend les bras ferme l'œil et s'endort.

Une première éducation bâtarde, efféminée, men-
songère nous habitue à croire que

La vie est un plaisir et non pas un devoir..

On poursuit donc le plaisir comme le bien suprème ;
mais on y trouve au fond l'amertume, les déboires, les
hontes et les douleurs. De là cette langoureuse mélancolie des caractères affaiblis , dégénérés et pourtant
bouffis d'orgueil, d'ambition et de vanité ; caractères
que l'on rencontre aujourd'hui partout, et principale-
ment, peut-être, dans les classes élevées de la Société.

Qu'est-ce que ces hommes qui ne savent plus porter
gaîment le poids de l'existence, même la plus riante ?
Qu'est-ce que ces indolents et lâches pleureurs au banquet de la vie où leurs nobles pères leur ont acquis, à
force de courage et de labeurs , les premières places ;
ces hommes qui se font un trophée des ignominies et
des pleurs, et du désespoir des femmes jadis pures et
généreuses qu'ils ont trompées ; ces hommes qui nous
parlent d'idéal et vont insultant sur leur tombe, encore
entr'ouverte, à la pudeur des jeunes filles aimantes et
dévouées qu'ils ont flétries de leur souffle immonde
pour les abandonner ensuite lâchement ; ces femmes
cyniques qui, dans des romans malsains où le vice se
pare des couleurs de la vertu , dévoilent effrontément,
aux yeux d'un certain public ébahi, leurs turpitudes et
leurs nudités ; ces femmes et ces hommes qui pré-

tendent se faire d'avance, et de leurs propres mains, leur apothéose, en remplissant le monde du récit de leurs faits et gestes, insignifiants et banals, quand ils ne sont pas criminels et flétrissants ; et qui disent ensuite plus insolemment encore que l'orgueilleux et lâche Rousseau : « *Nul n'est meilleur que moi !!!* »

A voir la sotte importance qu'ils mettent à tout ce qu'ils ont pensé, ou fait, ou dit, ne semble-t-il pas entendre l'oiseau de nuit disant à l'aigle :

> . . . . Mes petits sont mignons,
> Beaux, bien faits et jolis sur tous leurs compagnons ;
> Vous les reconnaîtrez sans peine à cette marque...

Aussi veulent-ils bannir à jamais de la littérature la vigoureuse éloquence et le fouet vengeur de Juvénal, afin d'élever sur les ruines et l'oubli des plus grands génies, comme type idéal du vrai, du bien et du beau, leur lyrisme pleureur, nébuleux, sans fond, avec *le regret, et l'admiration, et l'enthousiasme !!!*

Oh ! ils ont trop raison de vouloir étouffer la mordante ironie qui les fait pâlir, et de réclamer *pour eux,* le *respect* et l'admiration dont ils ont tant besoin.

Ciel ! que nous sommes loin des Fénelon, des Sévigné, des Racine, et des Corneille parlant d'eux uniquement dans des causeries et des lettres intimes qu'ils auraient supprimées s'ils avaient songé seulement qu'elles passeraient un jour à la postérité.

O Juvénal ! ô Molière ! ô Boileau ! où êtes-vous ? Qui viendra balayer, avec des verges de feu, tous ces novateurs impudents et affectés, pour ouvrir le champ libre et pur à une littérature modeste, naturelle, simple, énergique, noble et immaculée qui marche vers la lumière ?

Telles sont entre mille, et réduites à leur plus simple expression , les désolantes conséquences de l'exagération et de l'apothéose luthérienne et calviniste, de notre raison individuelle et de notre personnalité (1). Ce panthéisme d'un nouvel ordre est mille fois plus dangereux que celui des brames indiens et de Spinosa(2). Ces derniers absorbaient la personnalité de l'homme dans la personnalité infinie de Dieu. Or la conscience et le sens commun proclament trop nettement notre liberté personnelle et notre individualité, pour que cette ridicule opinion puisse jamais franchir les bornes d'une folle théorie, et pénétrer dans l'esprit et la pratique des individus et des sociétés.

Mais la déification de l'homme flatte trop doucement ses plus orgueilleuses chimères , pour ne pas séduire d'emblée tout cœur et tout esprit oublieux de sa faiblesse, de son impuissance, et de ses misères.

Le mendiant qui vient de boire dans une taverne

(1) Singulier renversement d'idées ! Calvin déifie, d'une part, l'humaine raison en proclamant le libre examen sur le fond même des mystères révélés par l'Infini comme dépassant les bornes de notre entendement , et, *en même temps*, il ravale l'homme au niveau de la brute, en lui refusant, par sa théorie du fatalisme, la liberté et, partant, la personnalité et le mérite et, par là même, l'inviolabilité de son être et de ses actes.

(2) Le panthéisme est, comme on sait, le délire de certains fous appelés philosophes qui soutiennent que tout est Dieu, jusqu'à la boue immonde que nous foulons aux pieds.

l'oubli de sa pauvreté, se prend à rêver qu'il est millionnaire et grand seigneur.

Avez-vous parfois entendu des esprits faibles, qui se croient merveilleux, dire qu'ils ont rêvé souvent, la nuit, qu'ils étaient Dieu ?

J'en connais, pour mon compte, qui m'ont avoué naïvement, avec un air de satisfaction, ces songes fréquents de leurs nuits. Trop heureux s'ils ne se berçaient pas bien longtemps, tout éveillés, de certains songes à peu près équivalents. L'orgueil de l'esprit et du cœur est une des plaies les plus grandes, les plus terribles, les plus dangereuses de notre époque.

Les médecins les plus profonds et les plus expérimentés en fait d'aliénation mentale savent fort bien, qu'après l'abus des plaisirs, rien ne touche de plus près à la folie, rien n'y mène plus sûrement et plus cruellement que les rêves de la vanité, de l'orgueil et de l'ambition.

« En comparant les registres de l'hospice des aliénés « de Bicêtre, on trouve inscrits, dit l'illustre Pinet, « *beaucoup de versificateurs et d'artistes extasiés* de leur « prétendu génie et de leurs productions ; beaucoup « d'ambitieux déçus dans leur attente ; beaucoup de « *fanatiques dévorés par la rage du prosélytisme,* »

Si la Momerie avait existé de son temps, il aurait ajouté, sans doute : *beaucoup de ces fanatiques présomptueux* qui se disent, comme Mahomet, les familiers, les intimes, que dis-je les maîtres de l'Esprit-Saint toujours docile à leurs ordres ; qui ne jurent que par la Bible, ne lisent que la Bible, ne parlent que Bible, et cela sans jamais y rien comprendre.

Il est donc trop vrai de dire que la grande majorité des fous n'est pas aux petites maisons.

Voué par goût aux études philosophiques, j'ai beaucoup observé, depuis quinze ans, à travers le monde; beaucoup étudié, sur moi comme sur autrui, les travers et les qualités de l'esprit et du cœur humain. Or, j'ai vu partout qu'un amour-propre excessif produit constamment un esprit faux, même chez les intelligences primitivement les mieux douées. D'un esprit faux à un fou il n'y a qu'un pas, ou plutôt ils se touchent. D'où peut venir cette filiation de l'esprit orgueilleux à l'esprit faux, et de l'esprit faux au fou, sinon de ce que tout individu content, admirateur de lui-même, fait tonjours, de sa fade personnalité la règle suprême et la borne de toute intelligence, en commençant par l'intelligence infinie...

> L'orgueilleux, s'estimant parfait dans sa nature,
> Mesure l'univers à sa frêle mesure.
> Approuvez ses avis, vous avez l'esprit droit;
> Combattez ses erreurs: votre sens est étroit.
> Un petit nain hideux disait: Bonne Nature!
> Tu fis ton grand chef-d'œuvre en créant ma stature....

Quel est, se dit l'ignare et le sot orgueilleux, l'être intelligent et capable au ciel et sur la terre? Moi. Qui voit tout, qui sait tout, qui comprend tout? Moi.

Quel est le chef-d'œuvre du Créateur? Moi... Ah! s'il m'eût demandé conseil avant de créer le ciel et la terre! tout serait pour le mieux dans le monde où tout est mal. Quelle est donc l'intelligence supérieure à Dieu? Moi.

Vous riez, insensé! Eh bien! lequel est supérieur du juge qui traduit à son tribunal l'accusé, ou de l'accusé traduit à sa barre? Or., je traduis Dieu même à mon tribunal, je lui demande compte de ses œuvres où tout est mal, et je ne serais pas l'égal de Dieu!!!

Que sont, auprès de moi, les Platon, les Descartes, les Augustin, les Thomas, les Leibnitz, les Newton qui ne parlaient jamais de l'Auteur des mondes sans courber devant lui leurs fronts blanchis par les veilles? Des ânes. Leurs écrits immortels? Des âneries.

Ceux qui ont lu avec un esprit mûr, juste et désintéressé, les Helvétius, les Sades, les d'Olbachs, les Bérangers, les Birons, les Strauss, les Schellings, avec toute la tourbe ténébreuse des rationalistes, des panthéistes, des fatalistes, des dualistes allemands, ou plutôt, si l'on me passe le mot, des MOI et des NON MOI d'Outre-Rhin et de leurs pâles imitateurs, savent fort bien que je dis vrai, que je traduis le fonds, la pensée intime et le point de départ réel, sinon avoué, de leurs insolentes élucubrations, en séparant seulement de la coupe empoisonnée, le prestige trompeur et funeste qui trop souvent en masque les bords. Si les adversaires nous opposaient encore ici ce grand mot devenu si banal entre leurs lèvres irritées : RESPECT AUX GRANDS GÉNIES!!!! nous sommes en droit de répondre : Dieu seul est grand! On ne respecte que ceux qui l'honorent.

Nous reprochera-t-on aussi de confondre parmi les tristes victimes du rationalisme protestant, des hommes nés Catholiques, aussi bien que des Luthériens et des Calvinistes? Mais on sait qu'avant d'en venir là, tous ont commencé par jeter l'insulte et l'outrage au culte et à la foi de leurs pères, et que, par conséquent, tous sont PROTESTANTS et d'esprit et de cœur.

Je dépasserais les bornes que je me suis imposées, si je voulais montrer ici toutes les bévues de ces prétendus libres penseurs. Qu'il me suffise d'en indiquer un ou deux échantillons entre mille.

Dans un livre monstrueux où il appelle à sa barre l'ESPRIT-SAINT, où il prétend convaincre d'erreur et de contradiction la Bible et les Evangiles, le pasteur Protestant Strauss a commis, entre autres balourdises, qu'il entasse avec sa pesanteur germanique, un long chapitre dont voici la substance :

« A la mort de Jésus, dit l'Evangile, la terre tremble
« et le voile du temple se déchire... »

Un voile se déchirer!! quoi de plus absurde, dit le ministre Strauss... Que les murs se lézardent et s'écroulent... c'est très-possible... mais qu'un voile se déchire sans qu'on le tire violemment.., cela n'est pas naturel... Le savant ministre de l'Evangile oublie précisément que, si le fait était naturel, il ne serait pas miraculeux. Or, l'Evangile signale ce symbolique événement, non point comme un fait naturel, mais bien comme un de ces frissonnements de la nature qui témoignait, à cette heure suprême, comme l'a dit un philosophe païen témoin de ces bouleversements étranges, *que le monde se disloquait ou que le maître du monde souffrait.*

Passons.

De l'univers admirant la machine,
J'y vois le mal et n'aime que le bien.

dit un chansonnier qui nous a revomi toute l'écume du dix-huitième siècle.

Vous n'aimez que le bien, dites-vous : prouvez-le donc en le faisant, ou montrez-nous, du moins que vous avez des yeux pour le voir et un esprit pour le comprendre. Mais non! vous voulez imiter plutôt ces êtres immondes qui n'aiment qu'à remuer la boue... vous ne *voyez* que le mal là où *la science* voir *partout et de plus en plus, à mesure qu'elle avance, l'œuvre d'une sagesse infinie.* C'est Voltaire lui-même qui vous l'a dit. Croyez-en du moins votre oracle, votre roi, votre Dieu !

Mais ne nous étonnons pas que ces hommes idolâtres de leur esprit et de leur raison soient toujours à cent lieues de la vérité.

La vérité, c'est une vierge pure et sublime qui se voile toujours aux yeux des prétendants fades et présomptueux, et ne se montre qu'aux adorateurs candides et simples, oublieux d'eux-mêmes et brûlant pour elle seule d'un amour modeste et chaste et désintéressé.

Or, en proclamant le libre examen sur le fond même des mystères de la Révélation, c'est-à-dire sur des questions aussi élevées au-dessus de l'esprit humain que le ciel est élevé au-dessus de la terre, que l'infini est au-dessus du fini ; en faisant de l'humaine raison, sous le nom de l'Esprit saint qui l'illuminerait sans cesse à son gré, le juge et l'arbitre suprême des mystères mêmes les plus impénétrables de la Divinité : le protestantisme flatte, légitime, exagère étrangement cet orgueil déjà si naturel de l'esprit et du cœur, et partant l'entraîne inévitablement aux erreurs les plus monstrueuses qui en sont la conséquence. Car , nous l'avons vu, l'orgueil engendre l'esprit faux et l'esprit faux touche à la folie.

Le catholicisme, au contraire, oppose le véritable , l'unique remède possible à ces dangers et à ces égarements, en soumettant le savant comme l'ignorant à une autorité supérieure qui lui dit, au nom de Dieu même : *Tu iras jusque là et pas plus loin* ; en assujétissant les caractères les plus fiers, les plus indomptés à des dogmes parfaitement précis, à des pratiques humbles et positives qui confondent le philosophe le plus audacieux avec l'enfant le plus naïf; en courbant le front des rois comme des derniers de leurs sujets devant un homme simple et pauvre bien souvent, qui devient leur juge et régente, au nom de Dieu même, leur conscience et leur volonté.

Car c'est l'ordre de la Providence manifesté par toutes les lois naturelles et sociales, d'éclairer, de diriger, de sauver l'homme par l'homme , les petits, par les grands, les grands par les petits afin que l'humanité soit un admirable échange de conseils, de directions, de fraternité et de mutuelle soumission.

Aussi est-il beau de voir, dans les siècles de foi, les empereurs les plus puissants et les plus glorieux se courber , comme de petits enfants , à l'exemple de Constantin, de Théodose et de Charlemagne devant un simple, humble et pauvre prêtre; oublier, devant lui, l'orgueil du diadème et changer, à son ordre, en clémence et en pardon, en œuvres de repentir et de pénitence, les bouillonnements de leurs fureurs et les projets de leurs impitoyables vengeances.

Et, aujourd'hui encore, malgré l'orgueil et les témérités de la science moderne, nous voyons les intelligences les plus élevées pourvu qu'elles soient modestes, revenir franchement dans l'âge même de la maturité et de la plénitude de la raison, à ces pratiques et à ces dogmes que leur jeunesse avait abandonnés et même raillés et bafoués, soit pour suivre la mode, soit pour lâcher la bride aux fougueuses passions de leurs vingt ans.

Mais tous les sots enfarinés de science et gorgés d'orgueil, tous ces prétendus philosophes qui vont brûlant sans cesse autour d'eux l'encens de leur dégoutante personnalité (1), ferment à jamais les yeux à la lumière et s'endorment enfin pour toujours au milieu des rêves glaçants de leur individualisme et de leurs stupides prétentions.

(1) Il n'est pas rare d'en voir aujourd'hui de ces *petits* philosophes, *grands* admirateurs de leurs œuvres, qui prétendent stupidement que tout doit s'incliner devant eux et brûler l'encens à leur idole; qui vont mendiant, de toutes parts, des articles de journaux élogieux en leur honneur; qui ne rougissent même pas d'écrire de leur propre main, à leur propre sujet, des fadaises ainsi conçues qu'ils envoient à des journalistes de leurs amis : « L'ouvrage....., le discours de M. X... a eu du « retentissement !!!... La France... l'Institut s'en est ému !!! »

Et ailleurs :

« M. X... a lu à l'Académie un *savant mémoire*. Cette lec-« ture a été écoutée avec une *religieuse attention... Le savant* « *professeur* a prouvé que...

« *Le savant professeur* a donné aux questions les plus ardues « *une face nouvelle...* »

Et là dessus les sots de s'écrier :

« Voilà un grand philosophe !!! »

Aussi les écritures sont-elles pleines de sentences comme celles-ci : « Celui qui s'élève sera abaissé, celui « qui s'abaisse sera élevé. Dieu révèle sa vérité aux « humbles et la cache aux orgueilleux. »

Les derniers jours et l'admirable mort de Royer Colart, de Silvio Pellico, etc., etc., et les révoltes et la mort impie du prêtre apostat Lamennais, et la vieillesse sceptique d'un poète jadis si brillant qui a le malheur de se croire un grand philosophe (1), alors qu'il est complètement étranger à toute solide philosophie ; enfin les poignantes humiliations que le

(1) Je suis bien plus philosophe que poète, me dit, il y a six ans, Monsieur de Lamartine. Mᵐᵉ George Sand ne se croit-elle pas aussi un philosophe éminent ?... Si elle n'ose le dire *à cause de ses jupons*, elle ne le pense pas moins. Mais si Monsieur de L... est ivre de sa gloire et de sa raison, il est au moins philanthrope et magnanime. Cela peut faire espérer qu'il ne rougira pas de revenir un jour à la foi et à la piété de sa mère qu'il a tant admirée.

Un de nos amis, tombé dans une incrédulité profonde, raillait et baffouait dans ses écrits le christianisme ; mais s'il rencontrait un pauvre, il lui donnait tout ce qu'il avait sur lui.

Un saint vieillard dit à ses parents afflligés :

Il en reviendra, soyez sûr, parce qu'il est charitable.

Et le vieillard eut raison. Pourquoi la plupart des hommes charitables et bienfaisants reviennent-ils tôt ou tard à la foi qu'ils avaient abandonnée?. Je laisse à plus savant que moi le soin d'expliquer ce fait remarquable qui se produit tous les jours. Lyon vient d'en fournir trois éclatants exemples, entre une foule d'autres, dans la noble vie et l'admirable mort de trois savants illustres dont elle est fière et qu'elle pleure encore. J'ai nommé les docteurs Gensoul, Brachet et Bonnet!!!

monde *qui s'agite quand Dieu le mène*, prodigue, durant leurs derniers jours, à ces hommes si altérés d'encens et de gloire ; ne sont ce pas là autant de preuves à la fois terribles et consolantes de la vérité de ces sentences évangéliques ?

LA RAISON DES FEMMES.

Une chose frappe aujourd'hui l'observateur qui visite pour la première fois les temples des grandes villes de France, c'est d'y voir très-peu d'hommes et beaucoup de femmes, heureuses d'y épancher leur cœur, devant le Dieu de l'amour infini, le suprême consolateur des vierges et des mères, toujours vigilant et fort pour qui s'abrite avec confiance dans son aile aimée,

Quelle peut être la cause de cette différence entre la primitive église et les temps modernes, entre l'indifférence des hommes dans les grandes cités et leur foi encore simple et vive dans les vallées et les montagnes reculées, où n'a pas encore pénétré le rationalisme protestant dont la révolution française a tiré les dernières conséquences.

« Vous voyez bien, disent avec un rire niais, les fats, autrement dit les esprits forts, votre culte n'est fait que pour les bonnes femmes, « Et là dessus ils s'éloignent à jamais des temples saints, car ils rougiraient de courber le genou, devant le Dieu des forts, avec l'enfance et la faiblesse et la beauté.

Maïs, encore une fois, d'où vient dans un sexe mobile et changeant, (1) cette inébranlable fidélité à la foi antique et primitive, et cela malgré l'influence que les hommes exercent toujours et partout sur ses opinions et ses sentiments?

De la supériorité de la raison chez l'homme et de l'absence de cette faculté dans la femme, disent encore ces prétendus philosophes, qui voient tout à travers le prisme de leur ignorance et de leur orgueil.

Et cependant l'expérience de tous les jours prouve bien clairement que les femmes ont, en général, reçu de la nature une grande promptitude de jugement, une grande habileté à deviner, à prévenir les pensées et les sentiments les plus intimes, et je ne sais quoi de positif et de précis qui leur fait apprécier, sous leur vrai point de vue, les plus graves affaires de la vie. Aussi donnent-elles souvent aux hommes, dans les familles, d'utiles et précieux conseils.

Parcourez l'histoire de la littérature chez tous les peuples, et vous verrez que la plupart des femmes qui cultivèrent les lettres, y excellèrent. Aujourd'hui encore, dans une publication annuelle faite par une société nombreuse l'*Union des poètes*, les meilleures productions sont dues à des femmes. Il est vrai que le talent poétique ne s'allie pas toujours avec un esprit juste et une saine raison. Prenons donc nos exemples plus haut, dans les sciences les plus difficiles, les plus vastes, les plus transcendantes. Je veux parler de l'astronomie et, par là même des mathématiques supé-

(1) Varium et mutabile femina. (Virgile).

rieures qui en sont la base et le point de départ. Ecoutons là dessus un juge bien compétent, le savant Lalande, qui parle ainsi, dans un âge assez avancé, après avoir beaucoup vécu dans la société des femmes.

« Je crois, dit-il, qu'il ne manque aux femmes, que les occasions de s'instruire et de prendre de l'émula-tion ; on en voit assez qui se distinguent, malgré les obstacles de l'éducation et du préjugé, pour croire qu'elles ont autant d'esprit que la plupart des hommes qui acquièrent de la célébrité dans les sciences.

« Déjà l'on en connaît plusieurs qui ont donné l'exemple, non seulement de la curiosité, mais encore du courage dans l'étude de l'astronomie : la belle Hypatia fit plusieurs ouvrages, elle professa l'astronomie à Alexandrie avec beaucoup d'éclat ; Marie Cunitz, fille d'un médecin de Silésie, publia, en 1650, des tables d'astronomie ; Marie-Claire Eimart Muller, fille et femme d'astronomes connus, fut elle-même astronome ; Jeanne Dumée annonçait, en 1688, des entretiens sur le système de Copernic ; les sœurs de Manfredi calculaient les éphémérides de Bologne ; les trois sœurs de Kirch ont calculé longtemps les éphémérides de Berlin ; sa femme, née Winkelmann, donna en 1712, un ouvrage d'astronomie ; la marquise du Châtelet a donné une traduction de Newton ; la comtesse de Puzynina a fondé un observatoire en Pologne, et on lui appliquait ce passage de l'Ecriture : *Una mulier fecit confusionem genti* ; Madame Lepaute, morte en 1788, a calculé plus de dix ans les éphémérides de l'académie ; et la veuve d'Edwards travaille en Angleterre au *Nautical almanac* ; Madame de

Piery a fait beaucoup de calculs d'éclipses pour trouver mieux le mouvement de la lune, elle est la première qui ait professé l'astronomie à Paris; Miss Caroline Herschel travaille avec son frère. Elle a déjà découvert cinq comètes. Madame la duchesse de Gotha a fait une quantité de calculs, mais elle ne veut pas être citée; ma nièce, Lefrançais de Lalande, aide à son mari pour ses observations, et en tire des conclusions par le calcul; elle a réduit dix mille étoiles, elle a donné trois cents pages de tables horaires pour la marine, travail immense pour son âge et pour son sexe. Elles sont dans mon Abrégé de navigation. »

Cependant, malgré ces preuves et mille autres de la valeur intellectuelle des femmes, nous leur attribuons tout aujourd'hui, au milieu des hommages que nous leur prodiguons, *tout* excepté la justesse du jugement et la puissance de la raison. Il est de mode et *de bon ton* de réserver ces qualités exclusivement à l'homme.

Un docteur très-recommandable et très-savant d'ailleurs, disait dernièrement dans une réunion savante, au sujet d'une femme extrêmement intelligente: « C'est malheureux qu'elle ait tant d'esprit. Les « femmes ne sont bonnes que pour faire des enfants « (et les *élever*, docteur, s'il vous plaît ?) Toute femme « dont l'esprit est au niveau de l'homme est un dan- « ger, un phénomène monstrueux. «

Et l'assemblée masculine d'approuver ce langage avec une fière satisfaction.

Mais, nous avons beau dire, malgré la loi salique et les railleries et les prétentions des jeunes gens et les maris jaloux de leur autorité nominale, les femmes dominent et gouvernent et règnent en France depuis bien des siècles, à force de tact et d'esprit, d'adresse et d'insinuation.

Néanmoins, depuis *Les Femmes savantes* et *Les Précieuses ridicules*, on croit jeter, en effet, sur une femme, un ridicule suprême en la traitant de *pédante* et de *bas-bleu*.

Ainsi nous leur inculquons sans cesse dès leur première enfance jusqu'à leur dernier jour, cette idée que la raison n'est point leur apanage; que cette faculté supérieure appartient à l'homme exclusivement; qu'elles ne peuvent y prétendre sans un crime de lèse-majesté. Aussi sont-elles bien rares aujourd'hui celles qui songent à protester contre cette *légitimité là*. Elle peuvent donc avoir (et Dieu sait si elles n'cnt point !!) toutes les prétentions, toutes les vanités, tous les orgueils, excepté celui-là.

Or cette modestie de leur esprit est précisément la source féconde de sa justesse et de ses lumières, surtout en fait de religion. Car dans cette question de sentiment bien plus que de raison, elles jugent uniquement avec leur cœur et leur gros bon sens qui les éclaire, et les dirige et les sauve beaucoup mieux que notre superbe et nos prétentieux raisonnements.

Aussi la philosophie écossaise fondée sur une observation scrupuleuse de l'esprit et du cœur humain, a-t-elle mis en relief, quoi qu'on en dise, un point de vue très-remarquable et très-vrai de notre nature, en enseignant que la certitude des vérités morales et, par là même, la certitude de la plupart des vérités religieuses, repose sur le sentiment plutôt que sur la raison.

En effet, si c'est par la raison que nous apercevons les vérités purement spéculatives, c'est surtout le *sentiment* qui nous fait apprécier, aimer et pratiquer le bien et le beau, but suprême de notre âme, comme *les sens et les sensations* nous font reconnaître et rechercher ou repousser ce qui convient ou nuit à notre corps, instrument provisoire de notre existence et de notre liberté.

Heureux mille fois ceux qui n'altèrent ni les instincts religieux, ni les instincts corporels, au sein de cette civilisation prétentieuse et matérialiste qui fait marcher les hommes avant Dieu, les droits des peuples et la majesté des rois, avant les droits et la majesté de Dieu ; les besoins même factices et les jouissances passagères du corps avant les immortels besoins et les suprêmes intérêts de l'âme.

Or, les femmes restent généralement étrangères à nos prétentions philosophiques et à nos utopies sociales. Elles s'en tiennent, là dessus, au sens commun et aux instincts primitifs que la nature a déposés dans nos cœurs, c'est à dire à cette lumière supérieure et infaillible de Dieu qui illumine tout homme venant au monde...

Voilà pourquoi elles suivent, plus sûrement et plus fidèlement que nous, les voies de la vraie sagesse et de la vérité.

J'ai vu des femmes d'une instruction bornée, mais aussi d'un esprit modeste et d'un cœur pur, demeurer inébranlables dans leur foi, malgré les attaques incessantes, les sophismes et les railleries des soi-disant esprits forts qui les entouraient. J'en ai vu demeurer fermes, confiantes et screines au sein des plus terribles adversités, et défendre énergiquement contre le désespoir, des hommes croyants d'ailleurs mais chancelants sous le souffle du malheur et qui leur étaient cependant bien supérieurs par la science, le courage, l'expérience et la raison.

Aussi, je comprends aujourd'hui cette grave parole du noble et savant Jouffroy : « Un humble *Ave Maria* vaut « mieux que toute notre prétentieuse philosophie. »

C'est donc non seulement une vérité chrétienne, mais encore un principe avant tout philosophique et rationnel confirmé par l'expérience de tous les siècles, qu'il n'y a qu'une seule grandeur véritable ici-bas : celle qui consiste à savoir nous abaisser à nos yeux et devant les hommes et devant Dieu ; une seule sagesse : la folie de la croix, c'est-à-dire l'oubli de soi, le dédain du monde, la défiance incessante de notre raison, défiance fondée sur la connaissance profonde de ses bornes, de son impuissance, de ses ténèbres. « Tout est « vain en nous, excepté le sincère aveu que nous « faisons devant Dieu de nos fautes, de nos erreurs, « de nos ténèbres et le jugement arrêté qui nous « fait mépriser tout ce que nous sommes. » Et pourtant celui qui l'a dit était bien grand, si toutefois il y avait des grandeurs possibles sous le soleil.

Voilà pourquoi Pythagore, Socrate et Platon ont non seulement entrevu, mais encore proclamé et prescrit *constamment à la pratique* de leurs disciples, ce grand principe qu'on voyait gravé au frontispice des temples et des écoles les plus fameuses :

Nosce te ipsum. — Connais-toi toi-même.

Et qui ne sait la parole que Socrate aimait tant à re-
dire dans ses derniers jours, c'est-à-dire dans la plénitude de sa science et de sa raison :

« Je ne sais bien qu'une chose : c'est que je ne sais
rien... »

En effet, tous les esprits vraiment supérieurs sont
humbles et modestes ; tous les esprits étroits et faux,
mais enfarinés de science, sont fats, pédants, orgueilleux, tranchants, sentencieux...

Aussi, combien de soi-disant philosophes, déistes,
protestants, momiers, rationalistes, panthéistes, fatalistes, athées, en un mot, combien de prétendus
Socrates, qui ne vont pas à la cheville de ce grand
homme, redisent aujourd'hui, du moins équivalemment,
dans leur fade et stupide vanité :

« Je sais bien une chose, c'est que je sais tout !!! »

Il résulte de tout ce qui précède que l'orgueil exa-
géré de l'esprit et du cœur est la source féconde et
pernicieuse non seulement de la plupart des erreurs
philosophiques et religieuses, mais encore de l'abais-
sement des caractères, des altérations profondes et de
la corruption croissante du bon goût dans les lettres
et les arts.

N. B. — On trouvera, sans doute, dans cette brochure, bien
des défauts, bien des lacunes, bien des liaisons manquées, en
un mot, bien des négligences de rédaction surtout. Mais je prie
le lecteur bienveillant de considérer que, dans un écrit de cir-
constance, fait en courant, sous l'empire d'une vive émotion, et
imprimé à mesure qu'on l'écrivait, on ne peut pas exiger tout
le poli d'un ouvrage préparé longtemps à l'avance, longue-
ment médité, et *remis vingt fois sur le métier*, comme on doit
le faire quand on le peut.

CHANTS A MARIE.

I.

Le flambeau de ma vie
En naissant s'éteignait ;
Au gré de son envie,
Mon âme s'éloignait.

L'horreur était empreinte
Sur mes traits pâlissants,
Et la chaleur éteinte
N'animait plus mes sens ;

Sur ma lèvre glacée
La mort était tracée,
Ma mémoire effacée
Du livre des vivants,
Ma flamme dispersée
Comme la cendre aux vents.

Je cherchais la lumière
Des jours évanouis ;
Ma mourante paupière
Trouvait l'ombre des nuits.

On t'invoqua, Marie !
Ton autel s'enflamma,
Tu commandas : la vie
En moi se ralluma.

Le regard de mon âme
Qu'abandonnait le jour,
Se ranime et s'enflamme
A ton céleste amour.

Faible esprit, frêle corps, je t'appartiens, Marie !
Tu me sauvas : reçois l'hommage de ma vie,
Mes désirs, mes pensers et mon cœur et ma foi ;
    Tout est à toi.

II.

Chaste et riante dame
Aux célestes amours,
Fais qu'insensible à tout, mon cœur navré s'enflamme,
Pour toi seule, ma mère, et pour ton fils, toujours.

Rédempteur des humains, je veux chanter ma reine,
Votre mère, des cieux l'auguste souveraine ;
Inspirez-moi des chants beaux comme ses beautés,
    Et tendres comme ses bontés,
    Tout puissants comme sa puissance,
      Grands comme ses grandeurs,
      Doux comme sa clémence
    Et brillants comme ses splendeurs.

   Si les élans de mon faible génie
S'élevaient au niveau des élans de mon cœur,
Rien ne résisterait à mon hymne vainqueur ;
Mes chants ruisselleraient d'amour et d'harmonie,

     Mon front victorieux
     Irait toucher les cieux ;
Les soleils enflammés me prêteraient leurs feux,
Mon hymne ardent irait animer les étoiles,
L'Infini de ses flots inonderait mes sens,
Les chérubins seraient jaloux de mes accents,
La nuit en m'écoutant déposerait ses voiles.

Et les vibrations de ma touchante voix
Attendriraient les mers, les rochers et les bois,
L'impie à mes accents tressaillerait de joie,
Et suivrait des croyants l'âpre et sereine voie.

Idolâtre et chrétien, petits, grands, peuples, rois,
Laisseraient le bonheur qu'on adore et qui passe,
Et le plaisir qui fuit sans laisser une trace
Et la grandeur qu'on dit immortelle et s'efface :
Fantômes qu'on adore et qui sont de grands riens.

Le monde dévoyé s'attacherait aux biens
Qui ne passent jamais, dont les sources fécondes
Coulent en grossissant par delà nos vains mondes.

III.

Vierge, épouse du Créateur,
Tendre mère de mon Sauveur !
Le roi prophète,
Ardent poète
Dont ta noble race descend ;
Qui dans ton âme
A mis sa flamme
Avec son sang,
Et son génie
Et l'ardeur infinie
De son amour et de ses vœux,
Devant l'enceinte
De l'arche sainte,
Dansa joyeux et radieux.

Ainsi les astres rois que l'Éternel appelle
En leur disant : « Montez votre garde autour d'elle,
Accourent tressaillant d'amour et de bonheur,
Ravis de tant de gloire, ivres de tant d'honneur.

Ils t'environnent
Et te couronnent
De leur splendeur.

En vos escortes,
Fières cohortes,
Recevez-nous, écoutez nos accents,
Nous aussi nous voulons, avec vous et les anges,
A vos transports, à vos louanges,
Mêler nos transports et nos chants ,
Nous aussi nous voulons, en sa douce présence,
Consumer nos cœurs en silence
Comme un encens.

IV.

Vierge divine,
Mon front s'incline
Sous ta grandeur;
Auguste mère,
Mon âme est fière
De ta splendeur.

Ta face brille,
Ton front scintille,

Ton front riant
Comme l'Aurore
Qui vient d'éclore
A l'Orient.

Comme une fiancée (1), aujourd'hui la nature,
Reprend avec amour sa riante parure
Pour t'adorer ;

L'astre en silence
Brille et s'élance
Pour t'admirer.

Beauté suprême !
C'est toi que j'aime
Quand le jour fuit,
Quand vient la nuit.
Tendre Marie !
A toi ma vie,
Mon cœur, ma foi ;
Tout est à toi :

Bénis nos larmes,
Et nos douleurs,
Et nos alarmes
Et nos malheurs.
Mère féconde,
Inspire-moi
Dédain du monde,
Amour à toi.

(1) 8 Mai

V.

Ta face est riante, Marie !
Comme les astres dans le ciel,
Comme du sein des morts le retour à la vie,
Comme le lait coulant sur le cœur maternel
Pour l'enfant délaissé dont la lèvre est tarie.
Et ton amour est doux comme un rayon de miel.
Terrible est ton courroux, comme un foudre immortel,
Comme l'Ange de mort, commandant les armées
Des fléaux dévorants, au carnage animées.

Un jour le Tout-Puissant
Lassé de sa clémence,
En tarira la source immense,
Couvrira l'univers de carnage et de sang,
Disant aux légions qui portent sa vengeance !
Allez tous, inondez les airs,
L'enfer et la terre et les mers
De ma colère et de mes éclairs.
Prenez ma foudre
Entre vos mains,
Mettez en poudre
Les vils humains.

Alors, nous tes enfants, nous courrons sous ton aile,
Où ta voix tendre nous appelle.
Ainsi la tourterelle,
Dans le duvet de leurs doux nids,
Cache et réchauffe ses petits.

Voyant sa mère
Pour ses enfants tremblante à ses genoux,
Le Seigneur terrible et jaloux
En indicible amour transforme sa colère,
Et dit : « Séchez vos pleurs, reine ! je suis leur frère. »
L'embrasse d'un regard tendre, sublime et doux.
Si beaux étaient ses pleurs, si belle sa prière ;
Le ciel qui se voilait en est illuminé,
Et le monde orageux sourit rasséréné.

VI.

Ta puissance et ta gloire et ta bonté m'enivre,
Ma noble Dame, je veux vivre
A jamais dans tes fers.
Beauté suprême !
Fais que je t'aime
Jusqu'aux enfers.
Quand sonnera ma dernière heure ,

Glaçant mon cœur de tristesse et d'effroi ,
Bonne mère ! veille sur moi ;
Fais que je meure.
Les yeux sur toi.
Ouvre à mes vœux l'immortelle demeure
Où les derniers de tes enfants
Règnent heureux et triomphants ,
Le front étincelant d'une triple couronne ,
De joie et de bonheur tressaillant à ta voix ,
Plus grands, plus glorieux que les plus grands des rois.
L'éclat les environne ,
Ta main les couronne
D'orgueil et de fierté ,
De gloire et d'immortalité.

VII.

Lune indolente ,
Heure trop lente ,
Courez : je veux près d'elle m'envoler ;
Loin des étoiles
Je veux sans voiles
La contempler.

Astres, comètes,
Emportez-moi
Loin des tempêtes,
Près de mon roi :

Près de sa mère,
En qui j'espère,
Que j'aime tant.

Elle est ma reine,
Ma souveraine,
Elle m'entend.

Elle est ma mère ;
Car son enfant
M'a fait son frère
Avec son sang.

VIII.

Au fond du temple,
Quand je contemple
Son œil serein,
Son front divin ;
L'éclat du monde

Est à mes yeux,
Nuage immonde
Cachant les cieux.

Mon cœur aride,
Mon âme avide
D'amour, de foi,
Fuyant la terre,
Se désaltère
Auprès de toi.

J'entends dans le silence
La voix de ton amour,
Mon cœur ardent s'élance
Près de toi nuit et jour.
Cruelle vie !
Fais-moi mourir :
Loin de Marie
C'est trop souffrir.
Loin d'une mère,
La liberté
Est une amère
Captivité.

Loin de Marie,
L'éternité,
Soif infinie
Est cruauté.
Gloire immortelle
Est sans appas

Loin de son aile ;
Je n'en veux pas.

Mourir pour elle,
Un doux plaisir ;
Oh ! sous ton aile
Je veux mourir !

Quel est ce feu soudain qui coule dans mes veines,
Vierge auguste ! viens-tu pour délier mes chaînes ?
J'entends ta voix,
Je te sens et te vois.

L'enfant connaît toujours une mère au sourire,
Je te vis dans les cieux, je te sens dans mon cœur,
Ton regard m'enivra d'un immortel délire,
Puisse-t-il en mon sein régner toujours vainqueur !
Puisse le souvenir de mes deux saintes mères
Me rendre indifférent aux beautés passagères.
Deux mères, deux objets d'un éternel amour,
Apaisent Dieu pour moi dans l'immortel séjour.
Celle qui m'aimait tant et que j'ai tant aimée
S'envola radieuse et d'ardeur enflammée,
Sans me laisser le temps de lui dire un adieu :
Tant son cœur aspirait à voir Marie et Dieu !

Loin de ta famille éplorée,
Inconsolable en sa douleur,
Ton âme, ô ma mère adorée !
Rayonne au séjour du bonheur.

La croix, compagne de ta vie,
A couronné ton dernier jour ;
Ton départ fut digne d'envie ;
Le ciel, exauça ton amour.

Mère sainte ! fais que nos âmes,
Loin de ce monde ténébreux,
Un jour, sur des ailes de flammes,
Vers toi remontent dans les cieux.

CRIMINE AB UNO DISCE OMNES.

Des peuples fascinés par l'esprit des abîmes,
Vont criant : « Écoutez nos doctrines sublimes ! ! ! »
Et sèment avec l'or l'ignorance et l'erreur,
Et servent à l'envi l'infernale fureur ;
Les *Momiers* décorés du nom de méthodistes,
Du Dieu des anglicans sectaires calvinistes,
Disent : « Seuls nous servons le Sauveur avec foi,
« Seuls nous le connaissons, seuls nous aimons sa loi. »
Puis leurs propos impurs vont outrageant sa mère,
Ils disent : « Tu n'es point vierge, femme étrangère ! »
« C'est honorer le Fils en sa divinité
« Que de nier la Mère en sa virginité. »

Insensés ! vous croyez marcher vers la lumière ,
Et des fils de Satan vous suivez la bannière !
Nous allons, dites-vous, vers l'aurore qui luit !
Et vous errez perdus dans une affreuse nuit.
Le Dieu qui dans nos cœurs mit l'amour de nos mères
N'aimerait pas la sienne ! ! ! à ses tendres prières ,
Aux cris de son amour serait indifférent ?...
Son noble fils jaloux des honneurs qu'on lui rend !
Lui dirait, selon vous : « Tu m'as tout donné, femme,
Et tes jours, et ton cœur, et ton sang, et ton âme ;
Mille fois tout petit, j'ai dormi dans tes bras ;
Femme ! que me veux-tu ? Je ne te connais pas.
J'ai sucé, douze mois, le lait de ta mamelle,
J'ai marché par ta main, j'ai grandi sous ton aile,
J'aspirais ton amour, j'admirais tes vertus ;
Femme, retire-toi ; je ne te connais plus.
Qu'on te jette l'outrage avec l'insulte amère:
Il faut être Néron pour mépriser sa mère,
Et jalouser sa gloire. Eh bien ! je suis Néron...
Qu'on efface en tous lieux ta mémoire et ton nom.
La mère la plus tendre était une marâtre...
Fils des Saints... Vous l'aimez, vous êtes idolâtre...
Je la fis votre mère en mourant sur la croix,
Je ne la connais plus, je suis sourd à sa voix.
Quand mon cœur à longs flots buvait l'ignominie,
Mon cœur se consolait dans le sein de Marie...
Elle était toute à moi quand j'étais frêle enfant,
Je ne la connais plus quand je suis triomphant.
Ma mère ! je t'aimais dans une humble chaumière,
Mais dans mes grands palais ruisselants de lumière ,
Quand la terre et les cieux s'inclinent devant moi,

Je ne te connais plus, va ! je rougis de toi. »
Malheureux ! ! est-ce assez d'horreur et d'imposture,
Et d'injure et d'outrage au Dieu de la nature !
« Le Seigneur, dites-vous, est grand et généreux, »
Puis on en fait un fils sans cœur, un monstre affreux.
Vous, mères, vous, enfants dont ils font leurs victimes.
A ce crime sans nom connaissez tous leurs crimes......

O femme ! O Vierge-Mère ! O mystère ineffable !
De grossiers animaux, dans une pauvre étable,
Ont frémi tout à coup de saints frémissements,
Et l'Enfant-Dieu naquit et ses vagissements,
Attestant que pour l'homme il s'offre, humble victime,
Ont fait rugir Satan au fond de son abîme.

Et les anges ravis, dans les splendeurs des cieux,
Accourent adorer leur Maître glorieux.
Le jour s'est écoulé.... la nuit étend son voile,
Et les mages, suivant l'intelligente étoile,
Trouvent leur Dieu naissant au sein de la douleur,
Une mère en ses bras tenant son Créateur.

Et l'astre, sur le toit s'inclinant en silence,
Adore son auteur, puis, dans l'espace immense,
Va dire, en tressaillant, aux globes radieux
Qui, dans l'immensité, planent majestueux :

« En un petit réduit d'une pâle planète,
« Qu'agitent les autans, qu'insulte la tempête,
« Le pilote suprême a voilé sa grandeur,
« Et d'une Créature est né le Créateur. »

Et les astres géants, dans la céleste voûte,
Chantent un hymne immense et suspendent leur route.

HYMNE A L'HOMME-DIEU.

Vrai fils de l'Eternel, plus ancien que les ans,
Dans le temps engendré, tu fus avant les temps.
Toi-même l'ouvrier, toi-même ton ouvrage,
Dans tes œuvres toujours tu gravas ton image.
Infini, tout-puissant, immuable, éternel,
Tu daignas te couvrir des langes d'un mortel.

Toi devant qui les cieux, les mers, la terre tremble,
Qui vois comme un néant tout l'univers ensemble,
Toi qui créas les temps et qui ne peux finir,
Toi que le monde entier ne saurait contenir,
Toi qui pouvais, d'un mot, réduire l'homme en poudre,
Tu laissas là, pour lui, ta grandeur et ta foudre.

Tu laissas tes palais, tes anges radieux;
Pour lui, tu déposas les éclairs de tes yeux,
Et, voilant de ton front l'éclatante lumière,
Tu devins faible enfant dans le sein d'une mère,
Et, d'une auguste vierge, un adorable flanc
Porta neuf mois un Dieu sous les traits d'un enfant.

C'est toi qui, des forfaits dégageant les pécheurs,
Changes en saints pensers les monstres de leurs cœurs;
De la foi de tes saints tu pénètres l'impie,
Et dans les corps éteints tu fais rentrer la vie.

Et les morts étonnés, au fond de leur tombeau,
Ont senti dans leurs flancs couler un sang nouveau.
Que ta foi dans mon cœur soit à ma dernière heure,
Homme-Dieu ! tu parus dans la sombre demeure ;
Pour appeler les tiens au palais éternel,
Dans le règne des morts tu marchas immortel ;

Et l'ange de la nuit, qui veillait là, sans trêve,
Accourut sur tes pas en abaissant son glaive
Et saluant le roi du triomphe à venir,
Tu nais sans commencer et tu meurs sans finir ;
Secouant du tombeau les impuissantes chaînes,
Tu commandes au sang de rentrer dans tes veines !

Et le sang dans ta chair à ta voix a coulé.
Et d'effroi, devant toi, la Mort a reculé.
Puis, versant sur tes pas des fleuves de lumière,
Tu remontas aux cieux, à côté de ton Père ;
A celui qui t'engendre en sa divinité,
Seul égal, trois fois un, triple dans l'unité !